INTERVALO AMOROSO
e outros poemas escolhidos

Livros do autor publicados pela L&PM Editores

Intervalo amoroso (Coleção **L&PM** POCKET)
Perdidos na Toscana
Poesia reunida: 1965-1999, volume 1 (Coleção **L&PM** POCKET)
Poesia reunida: 1965-1999, volume 2 (Coleção **L&PM** POCKET)
Tempo de Delicadeza (Coleção **L&PM** POCKET)

Affonso Romano de Sant'Anna

INTERVALO AMOROSO
e outros poemas escolhidos

www.lpm.com.br
L&PM POCKET

Coleção **L&PM** POCKET, vol. 153

Primeira edição na Coleção **L&PM** POCKET: janeiro de 1999
Esta reimpressão: setembro de 2009

capa: Ivan Pinheiro Machado sobre aquarela de Raoul Dufy, *Leviolon
   jaune* (1949)
revisão: Delza Menin e Luciana H. Balbueno

ISBN 978-85-254-0976-8

S232i   Sant'Anna, Affonso Romano de, 1937-
   Intervalo amoroso e outras poesias / Affonso Romano
de Sant'Anna. – Porto Alegre: L&PM Editores, 2009.
   144 p. ; 18 cm. – (Coleção L&PM Pocket)

   1. Ficção brasileira-poesias. I.Título. II.Série.

                              CDD 869.91
                              CDU 869.0(81)-1

Catalogação elaborada por Izabel A. Merlo, CRB 10/329

© Affonso Romano de Sant'Anna, 1999

Todos os direitos desta edição reservados a L&PM Editores
Rua Comendador Coruja 314, loja 9 – Floresta – 90.220-180
Porto Alegre – RS – Brasil / Fone: 51.3225.5777 – Fax: 51.3221-5380

Pedidos & Depto. Comercial: vendas@lpm.com.br
Fale conosco: info@lpm.com.br
www.lpm.com.br

Impresso no Brasil
Primavera de 2009

SUMÁRIO

Introdução / 5
ARS / 11
A implosão da mentira / 12
Vício antigo / 15
Intervalo amoroso / 16
Silêncio amoroso 1 / 17
Posteridade / 18
A coisa pública e a privada / 19
De que riem os poderosos / 21
Num hotel / 23
Amor vegetal / 25
De repente, a morte / 26
Estão se adiantando / 28
Instante de amor / 29
Ave amor / 30
Pequenos assassinatos / 31
Imagem / 33
Reflexivo / 34
Errando no museu Picasso / 35
Epitáfio para o séc. XX / 37
Notícias de morte / 41
Fascínio / 42
Rugas / 43
Cena familiar / 44
Mitos e ritos / 45
Silêncio amoroso 2 / 46
Mãos à obra / 47
A pesca / 48
Que país é este? / 50
Só, na taba / 65

O homem e a letra / 67
A falta futura / 71
Morte no terraço / 72
Texto futuro / 73
O poeta e a bala / 74
Conjugação / 77
Objetos do morto / 78
Antes que o corpo parta / 79
Despedidas / 80
Separação / 81
A intrusa / 83
Estela amorosa / 84
Entrevista / 85
Casamento / 87
Ricordanza della mia giuventú / 88
Amor sem explicação / 89
Flor da tarde / 90
Fragmento de história / 91
As utopias / 92
Remorso histórico / 94
Hai-cai mallarmaico latino-americano / 95
Morrer no Brasil / 96
Obra humana / 99
24 de agosto de 1954 / 100
Sou um dos 999.999 poetas do país / 102
Depois de ter experimentado / 107
Soneto com forma e fundo / 108
Teorréias / 109
Louvor do corpo / 111
Sobre a atual vergonha de ser brasileiro / 113
A grande fala do índio guarani (fragmento) / 119
Rainer Maria Rilke e eu / 123
Mal de vista / 125
O homem e o objeto / 129
Ponto final / 131
O autor / 132

POETA DO NOSSO TEMPO

Wilson Martins

Em matéria de poesia, criticar os "mestres do passado" e apontar-lhes os defeitos é mais fácil (e menos arriscado) do que reconhecer os mestres do presente e distinguir-lhes os méritos; o poeta verdadeiramente novo e contemporâneo (no sentido forte da palavra) é tanto mais raro e difícil de identificar quando a maior parte deles continua, por um lado, a reescrever, com outras palavras, os mesmos poemas que já passaram por inovadores e, por outro lado, a imaginar que a grande poesia acontece por acaso e resulta de um golpe de sorte como no jogo de dados (essa é a fonte da desleitura famosa que levou os concretistas brasileiros a tomar um poema de Mallarmé como receituário alquímico de toda poesia). No caso de Affonso Romano de Sant'Anna, porém (*Que País É Este? e Outros Poemas.* Rio: Civilização Brasileira, 1980), não pode haver nenhuma dúvida: ele é não só um poeta do nosso tempo, integrado nos seus problemas e perplexidades, nas incertezas sucessivas em que as certezas se resolvem, mas é também o grande poeta brasileiro que obscuramente esperávamos para a sucessão de Carlos Drummond de Andrade. O segredo de sua extraordinária qualidade como poeta está em que ele é, antes de mais nada, um intelectual de alto gabarito, sem nenhuma das ingenuidades mentais que mantêm a produção corrente no nível rasteiro das pequenas emoções domésticas e nas dimensões microscópicas da autobiografia insignificante. Affonso Romano de Sant'Anna, em importante variação de um postulado célebre, não é o homem para quem o mundo exterior existe: é um homem para quem o mundo existe e que se sente existir no mundo, é um homem em quem o Brasil dói, para lembrar a extraordinária declaração de Unamuno: "Me duele España". Isso corresponde, no plano do destino e da condição humana (infinitamente acima das ironais fáceis e das assimilações conjunturais), ao verso de Bilac:

"Pátria, latejo em ti...", ou ao que ele significa, eco e desdobramento espiritual do que podemos ler em *O Caçador de Esmeraldas*: "Ah! quem te vira assim, no alvorecer da vida, / Bruta Pátria, no berço, entre as selvas dormidas, / No virginal pudor das primitivas eras (...)". O Brasil dói, em muitos de nós e em Affonso Romano de Sant'Anna, na medida em que não corresponde às promessas implícitas na sua história, na sua realidade profunda, na medida em que parece burlar a visão mística dos nautas que, "erguendo a ponta do manto", viram, "à beira dágua, abrir-se o Paraíso".

Tudo isso só pode parecer ingênuo e idealizante para os que, justamente, não sentem doer o Brasil, para os que o dissolvem na pasta informe das teorias e dos mandamentos prévios, para os que se pretendem emancipados da idéia de Pátria no momento mesmo em que, contraditoriamente, a reivindicam e pretendem monopolizar. Mas, claro, o "país" de Affonso Romano de Sant'Anna, mesmo concedendo o espaço que se deve às alusões irônicas, não é a "pátria" do poeta parnasiano, sem deixar tampouco de sê-lo: a diferença de vocabulário desvenda a implantação nos tempos históricos diferentes em que um e outro viveram e pensaram. Contudo, não há mal-entendido possível nem ambigüidade nenhuma no poema *Como Amo Meu País* e no que dá título ao volume, um e outro traçando as perspectivas em que devemos lê-lo todo e, em particular, a passagem: "Percebo / que não sou um poeta brasileiro...". Na verdade, em toda a sua obra, desde *Canto e Palavra* (1955), ele é o mais brasileiro de todos os nossos poetas destes últimos 30 anos, aquele em cuja obra o Brasil é uma realidade mítica atuante e latejante, cujo sentido ele procura interpretar. O mito, propunha Karl D. Uitti em páginas conhecidas, não é "ingrediente" da poesia, qualquer coisa como uma referência pitoresca e exterior com que simular profundidade de concepção: a poesia como tal e em si mesma é mito, é uma forma peculiar de visão, é ela própria a criação de um mito específico.

A de Affonso Romano de Sant'Anna é grande poesia por ser literatura, por ser uma criação intelectual (não cerebral), originando-se na "ansiedade da influência" de que fala Harold Bloom, isto é, na memória permanente e, em cada momento, atual, de toda poesia já escrita (*Poesia sobre Poesia*, 1975) – e, ao mesmo tempo, sabendo usar a poesia do passado como instrumento e provocação catalítica para exprimir emoções que jamais foram expressas antes dele, porque são as emoções de uma sensibilidade de brasileiro dos nossos dias (assim entendidos, como ficou dito, os últimos trinta anos). Ora, um dos elementos estruturais dessa sensibilidade é a consciência de Pátria como uma realidade não só continental (o que, na verdade, corresponde a diluí-la e desfigurá-la), mas, ainda, ancestral e ucrônica (*A Grande Fala do Índio Guarani Perdido na História e Outras Derrotas*, 1978); agora, os mitos políticos superpõem-se às realidades históricas e concorrem para destruí-las e conformá-las ao mesmo tempo, sendo apenas a face primordial dos mitos literários representados pelas vanguardas e destinados, é evidente, à mesma rápida desmonetização. Affonso Romano de Sant'Anna já viveu e escreveu suficientemente para desiludir-se das sucessivas vanguardas literárias e da sua implícita demagogia autoritária (*Poesia sobre Poesia*), mas ainda conserva ternura num canto do coração para os mitos políticos continentais e escatológicos (na acepção teológica do termo) que condicionaram o pensamento dos nossos coevos: ser brasileiro é menos do que ser "latino-americano", ser civilizado é menos do que ser selvagem ou primitivo, a visão do Paraíso é simultaneamente projetada para o passado, na nostalgia de uma reversão histórica impossível (visão romântica que condiciona todo esse processo mental), e para o futuro, que não deve ocorrer como simples decorrência da passagem do tempo, mas como objeto plástico que podemos moldar com as mãos (ou com a fantasia). A figura legendária do "revolucionário latino-americano" (cuja personalidade e comportamento foram fixados na "Europa dos antigos parapeitos") é a do cavaleiro andante, percorrendo continentes e regiões longínquas na empresa enobrecedora de combater os dragões da maldade, desfazer injustiças e partindo sempre na busca incessante de novas proezas em territórios hostis: o "poema del Mio Cid" translitera-se como "Poema del Mio Che" (*Poesia sobre Poesia*), assim como, escrevendo o poema do inferno nova-iorquino em que Sousa Andrade malogrou ("Empire State Building"), Affonso Romano de Sant'Anna assimila o poeta a Jesus Cristo no alto da montanha, exposto às tentações diabólicas do mundo, mas sabendo resistir-lhes. Em estudo luminoso ("The Questing Knight"), Eugène Vinaver demonstrou que os cavaleiros andantes, ao contrário do que se imagina, passaram da literatura para a vida, em desenvolvimento exatamente simétrico ao que testemunhamos em nossos dias (cf. *The Binding of Proteus*. Perspectives on myth and the literary process. Volume coletivo organizado por Marjorie W. McCune e outros, 1980). Assim, a literatura propõe os seus mitos à realidade e grandes poetas como Affonso Romano de Sant'Anna reelaboram a tosca realidade, que é transitória e fugaz, nos textos permanentes da literatura que sobrevive à cidade e aos dias.

ARS

A
Arte
   é luz
   é sina.

A
Arte
   aluzcina.
Quero
     aluzcinarte.

A IMPLOSÃO DA MENTIRA

1

Mentiram-me. Mentiram-me ontem
e hoje mentem novamente. Mentem
de corpo e alma, completamente.
E mentem de maneira tão pungente
que acho que mentem sinceramente.

Mentem, sobretudo, impune / mente.
Não mentem tristes. Alegremente
mentem. Mentem tão nacional/mente
que acham que mentindo história afora
vão enganar a morte eterna/mente.

Mentem. Mentem e calam. Mas suas frases
falam. E desfilam de tal modo nuas
que mesmo um cego pode ver
a verdade em trapos pelas ruas.

Sei que a verdade é difícil
e para alguns é cara e escura.
Mas não se chega à verdade
pela mentira, nem à democracia
pela ditadura.

2

Evidente / mente a crer
nos que me mentem
uma flor nasceu em Hiroshima
e em Auschwitz havia um circo
permanente.

Mentem. Mentem caricatural-
mente:

mentem como a careca
mente ao pente,
mentem como a dentadura
mente ao dente,
mentem como a carroça
à besta em frente,
mentem como a doença
ao doente,
mentem clara / mente
como o espelho transparente.

Mentem deslavada / mente,
como nenhuma lavadeira mente
ao ver a nódoa sobre o linho. Mentem
com a cara limpa e nas mãos
o sangue quente. Mentem
ardente / mente como um doente
nos seus instante de febre. Mentem
fabulosa / mente como o caçador que quer passar
gato por lebre. E nessa trilha de mentira

a caça é que caça o caçador
com a armadilha.

E assim cada qual
mente industrial? mente,
mente partidária? mente,
mente incivil? mente,
mente tropical? mente,
mente incontinente? mente,
mente hereditária? mente,
mente, mente, mente.
E de tanto mentir tão brava / mente
constroem um país
de mentira
        diária / mente.

VÍCIO ANTIGO

Como é que um homem
com 52 anos na cara
se assenta ante uma folha em branco de papel
para escrever poesia?

Não seria melhor investir em ações?
Negociar com armas?
Exportar alimentos?
Ser engenheiro, cirurgião
ou vender secos e molhados num balcão?

Como é que um homem
com 52 anos na cara
continua diante de uma folha em branco
espremendo seu já seco coração?

INTERVALO AMOROSO

O que fazer entre um orgasmo e outro,
quando se abre um intervalo
sem teu corpo?

Onde estou, quando não estou
no teu gozo incluído?
Sou todo exílio?

Que imperfeita forma de ser é essa
quando de ti sou apartado?

Que neutra forma toco
quando não toco teus seios, coxas
e não recolho o sopro da vida de tua boca?

O que fazer entre um poema e outro
olhando a cama, a folha fria?

É como se entre um dia e outro
houvesse o vago-dia, cinza,
vida igual a morte, amortecida.

O poema, avulso gesto de amor,
é vão recobrimento de espaços.
O poema é dúbia forma de enlace,
substitui o pênis
pelo lápis
       – e é lapso.

SILÊNCIO AMOROSO 1

Deixa que eu te ame em silêncio.
Não pergunte, não se explique, deixe
que nossas línguas se toquem, e as bocas
e a pele
falem seus líquidos desejos.

Deixa que eu te ame sem palavras
a não ser aquelas que na lembrança ficarão
pulsando para sempre
como se amor e vida
fossem um discurso
de impronunciáveis emoções.

POSTERIDADE

Eles vão nos achar ridículos, os pósteros.
Nos examinarão
com extrema curiosidade
e um tardio afeto.
Mas vão nos achar ridículos, os pósteros.

Olhado de lá
          tudo aqui
será mais claro
          para eles
que nos verão
inteiramente diversos
do que somos,
bem mais exóticos
do que somos.

– Como esses primitivos
ousavam se chamar modernos?
Farão simpósios, debaterão
e chegarão a bizarras conclusões.

Assim entraremos para a história deles
como outros para a nossa entraram:
não como o que somos
mas como reflexo de uma reflexão.

A COISA PÚBLICA E A PRIVADA
(*República* vem do latim *res* = coisa + pública)

Entre a coisa pública
e a privada
achou-se a República
assentada.

Uns queriam privar
da coisa pública,
outros queriam provar
da privada,
conquanto, é claro,
que, na provação,
a privada, publicamente,
parecesse perfumada.

Dessa luta intestina
entre a gula pública e a privada
a República
acabou desarranjada
e já ninguém sabia
quando era a empresa pública
privada pública
ou
pública privada.

Assim ia a rês pública: avacalhada
uma rês pública: charqueada

uma rês pública, publicamente
corneada, que por mais
que lhe batessem na cangalha
mais vivia escangalhada.

Qual o jeito?
Submetê-la a um jejum?
Ou dar purgante à esganada
que embora a prisão de ventre
tinha a pança inflacionada?

O que fazer?
Privatizar a privada
onde estão todos
publicamente assentados?
Ou publicar, de uma penada,
que a coisa pública
se deixar de ser privada
pode ser recuperada?

– Sim, é preciso sanear,
desinfetar a coisa pública,
limpar a verba malversada,
dar descarga na privada.

Enfim, acabar com a alquimia
de empresas públicas-privadas
que querem ver suas fezes
em ouro alheio transformadas.

DE QUE RIEM OS PODEROSOS?

De que riem os poderosos?
tão gordos e melosos?
tão cientes e ociosos?
tão eternos e onerosos?

Por que riem atrozes
como olímpicos algozes,
enfiando em nossos tímpanos
seus alaridos e vozes?

De que ri o sinistro ministro
com sua melosa angústia
e gordurosa fala?
Por que tão eufemístico
exibe um riso político
com seus números e levíticos,
com recursos estatísticos
fingindo gerar o gênesis,
mas criando o apocalipse?

Riem místicos? ou terrenos
riem, com seus mistérios gozosos,
esses que fraudulentos
se assentam flatulentos
em seus misteres gasosos?

Riem sem dó? em dó maior?
ou operísticos gargalham
aos gritos como gralhas
até ter dor no peito,
até dar nó nas tripas
em desrespeito?
Ah, como esse riso de ogre
empesteia de enxofre
o desjejum do pobre.

Riem à tripa forra?
riem só com a boca?
riem sobre a magreza dos súditos
famintos de realeza?
riem na entrada
e riem mais
         – na sobremesa?

Mas se tanto riem juntos
por que choram a sós,
convertendo o eu dos outros
num cordão de tristes nós?

NUM HOTEL

Quando ela – a fêmea,
apareceu na borda da piscina,
nós – os machos,
nos alvoroçamos todos.

Agitaram-se as galhadas de chifres
em nossas testas
e nossos cascos golpearam
os azulejos da floresta.

Ali
   a fêmea exposta
com sua pele e pêlo
sob as folhas do maiô.

Aqui
   os machos tensos
eriçando copos e frases
em ostensiva atitude
de animal cobridor.

Tudo, então, se fez em ritual:
o desejo desbordou
dos poros da piscina
preenchendo o azul vazio,
enquanto os corpos e objetos

se farejavam no ar verde
seguindo
o cheiro morno do cio.

AMOR VEGETAL

Não creio que as árvores
fiquem em pé, em solidão, durante a noite.
Elas se amam. E entre as ramagens e raízes
se entreabrem em copas
em carícias extensivas.

Quando amanhece,
não é o cantar de pássaros que pousa em meus ouvidos,
mas o que restou na aurora
de seus agrestes gemidos.

DE REPENTE, A MORTE

Digamos
que me restem 20/30 anos.
É pouco? Demais?
Os últimos 20/30 anos
passaram-me rápidos/
demorados
           – fatais.

Volto do cemitério, onde deixei
de uma amiga, o que se diz
"restos mortais".
Volto para casa
meditativo, mudo
com algumas perdas a mais.
Há dois meses, eu e ela num grupo
combinávamos, salvar esta cidade
e o mundo, aliás.

Semana próxima, prevejo, já se despede
outro amigo, que não sei se digo, que amo
ou amei.

Em 20/30 anos
quantas mortes morrerei
na morte dos demais?

20/30 anos é muito pouco, meu Pai!
E, no entanto, pode ser em nove meses
quem sabe, daqui a pouco
enquanto leio os jornais.

ESTÃO SE ADIANTANDO

Eles estão se adiantando, os meus amigos.
Sei que é útil a morte alheia
para quem constrói seu fim.
Mas eles estão indo, apressados,
deixando filhos, obras, amores inacabados
e revoluções por terminar.

Não era isto o combinado.

Alguns se despedem heróicos,
outros serenos. Alguns se rebelam.
O bom seria partir pleno.

O que faço? Ainda agora
um apressou seu desenlace.
Sigo sem pressa. A morte
exige trabalho, trabalho lento
como quem nasce.

INSTANTE DE AMOR

Me ame apenas
no preciso instante
em que me amas.

Nem antes
nem depois.
O corpo é forte.

Me ame apenas
no imenso instante
em que te amo.
O antes é nada
e o depois é morte.

AVE AMOR

No dia em que me olhando nu
ela disse: – Gostaria que seu pau cantasse,
asas nasceram-me nas virilhas,
trinados cruzaram a madrugada
e meus lençóis amanheceram
cheios
       de penas
              – e poemas.

PEQUENOS ASSASSINATOS

Vegetariano
        não dispenso chorar
sobre os legumes esquartejados
no meu prato.

Tomates sangram em minha boca,
alfaces desmaiam ao molho de limão-mostarda-azeite,
cebolas soluçam sobre a pia
e ouço o grito das batatas fritas.

Como.
Como um selvagem, como.
Como tapando o ouvido, fechando os olhos,
distraindo, na paisagem, o paladar,
com a displicente volúpia
de quem mata para viver.

Na sobremesa
continua o verde desespero:
peras degoladas,
figos desventrados
e eu chupando o cérebro
amarelo das mangas.

Isto cá fora. Pois lá dentro
sob a pele, uma intestina disputa

me alimenta: ouço o lamento
de milhões de bactérias
que o lança-chamas dos antibióticos
exaspera.

Por onde vou é luto e luta.

IMAGEM

Não sou dono dessa imagem que sou eu.
Não sou dono dessa imagem: ele.
Ele não sou eu.
Conversamos nos desvãos das frases.
Intervalamos pronomes pessoais.
Eu sou meu ele?
Com essa caneta na mão escrevo.
Com essa cabeça nos ombros espantado penso.
Olho aquele, elo, ele.
Quem sou ele?
Desamparado me perco no intervalo
do espelho.

REFLEXIVO

O que não escrevi, calou-me.
O que não fiz, partiu-me.
O que não senti, doeu-se.
O que não vivi, morreu-se.
O que adiei, adeus-se.

ERRANDO NO MUSEU PICASSO

Picasso
    erra
        quando pinta
        e erra
            quando ama.

Mas quando erra,
            erra
violenta e
generosamente,
        erra
com exuberante
arrogância,
    erra
como o touro erra
seu papel de vítima,
sangrando
quem, por muito amar, fere
e sai ovacionado
com bandeirilhas na carne.

Pintor do excesso
            e exuberância,
Picasso
    é extravagância.

Ele erra,
       mas nele,
              o erro
mais que erro
          – é errância.

EPITÁFIO PARA O SÉC. XX

1. Aqui jaz um século
onde houve duas ou três guerras
mundiais e milhares
de outras pequenas
e igualmente bestiais.

2. Aqui jaz um século
onde se acreditou
que estar à esquerda
ou à direita
eram questões centrais.

3. Aqui jaz um século
que quase se esvaiu
na nuvem atômica.
Salvaram-no o acaso
e os pacifistas
com sua homeopática
atitude
     – *nux-vômica.*

4. Aqui jaz o século
que um muro dividiu.
Um século de concreto
armado, canceroso,
drogado, empestado,

que enfim sobreviveu
às bactérias que pariu.

5. Aqui jaz um século
que se abismou
com as estrelas
nas telas
e que o suicídio
de supernovas
contemplou.
Um século filmado
que o vento levou.

6. Aqui jaz um século
semiótico e despótico,
que se pensou dialético
e foi patético e aidético.
Um século que decretou
a morte de Deus,
a morte da história,
a morte do homem,
em que se pisou na Lua
e se morreu de fome.

7. Aqui jaz um século
que opondo classe a classe
quase se desclassificou
Século cheio de anátemas
e antenas, sibérias e gestapos
e ideológicas safenas;
século tecnicolor

que tudo transplantou
e o branco, do negro,
a custo aproximou.

8. Aqui jaz um século
que se deitou no divã.
Século narciso & esquizo,
que não pôde computar
seus neologismos.
Século vanguardista,
marxista, guerrilheiro,
terrorista, freudiano,
proustiano, joyciano,
borges-kafkiano.
Século de utopias e hippies
que caberiam num chip.

9. Aqui jaz um século
que se chamou moderno
e olhando presunçoso
o passado e o futuro
julgou-se eterno;
século que de si
fez tanto alarde
e, no entanto,
              – já vai tarde.

10. Foi duro atravessá-lo.
Muitas vezes morri, outras
quis regressar ao 18
ou 16, pular ao 21,

sair daqui
para o lugar nenhum.

11. Tende piedade de nós, ó vós
que em outros tempos nos julgais
da confortável galáxia
em que irônicos estais.
Tende piedade de nós
– modernos medievais –
 tende piedade como Villon
e Brecht por minha voz
de novo imploram. Piedade
dos que viveram neste século
per seculae seculorum.

NOTÍCIAS DE MORTE

Meu Deus! como morre gente no país.
Basta eu virar as costas, pegar um avião
e as cartas vêm carregadas em quatro alças,
escuras, em selos de férreo caixão.

Basta tirar os olhos, despregar a mão da mão,
e começam a suicidar, cair de enfarte,
bater nos postes, se afogar no mar
e se entregar ao câncer e à solidão.

Por que será que não morrem tantos
quando estou perto?
Ou será que morrem lentos, fraternos,
sem alarde,
         discretos,
em cada conversa à tarde,
no escritório e no portão,
e a gente é que não repara
mas está de pá em punho
ajeitando o corpo alheio
em cada aperto de mão?

FASCÍNIO

Casado, continuo a achar as mulheres irresistíveis.
Não deveria, dizem.
Me esforço. Aliás,
já nem me esforço.
Abertamente me ponho a admirá-las.
Não estou traindo ninguém, advirto.
Como pode o amor trair o amor?
Amar o amor num outro amor
é um ritual que, amante, me permito.

RUGAS

Estou amando tuas rugas, mulher.
Algumas vi surgir, outras aprofundei.

Olho tuas rugas.
Compartilho-as, narciso exposto
no teu rosto.

Ponho os óculos
para melhor ver na tua pele
as minhas/tuas marcas.

Sei que também me lês
quando nas manhãs percebes
em minha face o estranho texto
que restou do sonho.

O que gastou, somou.
Essas rugas são sulcos
onde aramos a messe do possível amor.

CENA FAMILIAR

Densa e doce paz na semiluz da sala.
Na poltrona, enroscada e absorta, uma filha
desenha patos e flores.
Sobre o couro, no chão, a outra viaja silenciosa nas
artimanhas do espião.
Ao pé da lareira a mulher se ilumina numa gravura
flamenga, desenhando, bordando pontos de paz.
Da mesa as contemplo e anoto a felicidade
que transborda da moldura do poema.
A sopa fumegante sobre a mesa, vinhos e queijos,
relembranças de viagens e a lareira acesa.
Esta casa na neblina, ancorada entre pinheiros,
é uma nave iluminada.
Um oboé de Mozart torna densa a eternidade.

MITOS E RITOS

Minha mulher
tem outra mulher com várias mulheres sob a pele.
Tecelãs, pastoras, princesas
afloram de seus lábios e cabelos.
Dispo-a com amor, ela suspira.
E é aí que fadas e dragões se batem
e em nossos corpos
a fantasia da carne
               – delira.

SILÊNCIO AMOROSO 2

Preciso do teu silêncio
                      cúmplice
sobre minhas falhas.
              Não fale.
Um sopro, a menor vogal
pode me desamparar.
E se eu abrir a boca
minha alma vai rachar.

O silêncio, aprendo,
pode construir. É modo
denso/tenso
         – de coexistir.
Calar, às vezes,
é fina forma de amar.

MÃOS À OBRA

Escrevo com três mãos.
É um trabalho complicado.
Às vezes, pareço um polvo
sentado
       a especular.

Escrevo com três mãos.
Por isto, minha escrita
é um gesto
       – tentacular.

A PESCA

O anil
o anzol
o azul

o silêncio
o tempo
o peixe

a agulha
  vertical
  mergulha

a água
a linha
a espuma

o tempo
o peixe
o silêncio

a garganta
a âncora
o peixe

a boca
o arranco
o rasgão

aberta a água
aberta a chaga
aberto o anzol

aquelíneo
ágil-claro
estabanado

o peixe
a areia
o sol.

QUE PAÍS É ESTE?

para Raymundo Faoro

¿Puedo decir que nos han traicionado? No. ¿ Que todos fueran buenos? Tampoco. Pero alli está una buena voluntad, sin duda y sobretodo, el ser así.
CÉSAR VALLEJO

1

Uma coisa é um país,
outra um ajuntamento.

Uma coisa é um país,
outra um regimento.

Uma coisa é um país,
outra o confinamento.

Mas já soube datas, guerras, estátuas
usei caderno "Avante"
          – e desfilei de tênis para o ditador.
Vinha de um "berço esplêndido" para um "futuro
          [radioso"
e éramos maiores em tudo
          – discursando rios e pretensão.

Uma coisa é um país,
outra um fingimento.

Uma coisa é um país,
outra um monumento.

Uma coisa é um país,
outra o aviltamento.

Deveria derribar aflitos mapas sobre a praça
em busca da especiosa raiz? ou deveria
parar de ler jornais
               e ler anais
como anal
       animal
              hiena patética
                        na merda nacional?
Ou deveria, enfim, jejuar na Torre do Tombo
comendo o que as traças descomem
                            procurando
o Quinto Império, o primeiro portulano, a viciosa
                       [visão do paraíso
que nos impeliu a errar aqui?

Subo, de joelhos, as escadas dos arquivos
nacionais, como qualquer santo barroco
                              a rebuscar
no mofo dos papiros, no bolor
das pias batismais, no bodum das vestes reais
a ver o que se salvou com o tempo
e ao mesmo tempo
              – nos trai.

2

Há 500 anos caçamos índios e operários,
há 500 anos queimamos árvores e hereges,
há 500 anos estupramos livros e mulheres,
há 500 anos sugamos negras e aluguéis.

Há 500 anos dizemos:
    que o futuro a Deus pertence,
    que Deus nasceu na Bahia,
    que São Jorge é que é guerreiro,
    que do amanhã ninguém sabe,
    que conosco ninguém pode,
    que quem não pode sacode.

Há 500 anos somos pretos de alma branca,
    não somos nada violentos,
    quem espera sempre alcança
    e quem não chora não mama
    ou quem tem padrinho vivo
    não morre nunca pagão.

Há 500 anos propalamos:
    este é o país do futuro,
    antes tarde do que nunca,
    mais vale quem Deus ajuda
    e a Europa ainda se curva.

Há 500 anos
    somos raposas verdes
    colhendo uvas com os olhos,

semeamos promessa e vento
com tempestades na boca,

sonhamos a paz da Suécia
com suíças militares,

vendemos siris na estrada
e papagaios em Haia,

senzalamos casas-grandes
e sobradamos mocambos,

bebemos cachaça e brahma
joaquim silvério e derrama,

a polícia nos dispersa
e o futebol nos conclama,

cantamos salve-rainhas
e salve-se quem puder,

pois Jesus Cristo nos mata
num carnaval de mulatas.

Este é um país de síndicos em geral,
este é um país de cínicos em geral,
este é um país de civis e generais.

Este é o país do descontínuo
onde nada congemina,

e somos índios perdidos
na eletrônica oficina.

Nada nada congemina:
                a mão leve do político
                com nossa dura rotina,

                o salário que nos come
                e nossa sede canina,

                a esperança que emparedam
                e a nossa fé em ruína,

                nada nada congemina:
                a placidez desses santos
                e nossa dor peregrina,

                e nesse mundo às avessas
                – a cor da noite é obsclara
                e a claridez vespertina.

3

Sei que há outras pátrias. Mas
mato o touro nesta Espanha,
planto o lodo neste Nilo,
caço o almoço nesta Zâmbia,
me batizo neste Ganges,
vivo eterno em meu Nepal.

        Esta é a rua em que brinquei,
        a bola de meia que chutei,

    a cabra-cega que encontrei,
    o passa-anel que repassei,
    a carniça que pulei.

Este é o país que pude
        que me deram
                e ao que me dei,
e é possível que por ele, imerecido,
                – ainda me morrerei.

4

Minha geração se fez de terços e rosários:

            – um terço se exilou
            – um terço se fuzilou
            – um terço desesperou

e nessa missa enganosa
            – houve sangue e desamor. Por
                        [isto,
canto-o-chão mais áspero e cato-me
            ao nível da emoção.

Caí de quatro
        animal

            sem compaixão.

        Uma coisa é um país,
        outra uma cicatriz.

Uma coisa é um país,
outra a abatida cerviz.

Uma coisa é um país,
outra esses duros perfis.

Deveria eu catar os que sobraram,
        os que se arrependeram,
        os que sobreviveram em suas tocas
e num seminário de erradios ratos
            suplicar:
              – expliquem-me a mim
              e ao meu país?

Vivo no século vinte, sigo para o vinte e um
ainda preso ao dezenove
        como um tonto guarani
        e aldeado vacum. Sei que daqui a pouco
        não haverá mais país.

País:
        loucura de quantos generais a cavalo
        escalpelando índios nos murais,
        queimando caravelas e livros
                – nas fogueiras e cais,
        homens gordos melosos sorrisos comensais
        politicando subúrbios e arando votos
        e benesses nos palanques oficiais.

Leio, releio os exegetas.
Quanto mais leio, descreio. Insisto?

Deve ser um mal do século
– se não for um mal de vista.

Já pensei: – é erro meu. Não nasci no tempo certo.
                Em vez de um poeta crente
                sou um profeta ateu.
                Em vez da epopéia nobre,
                os de meu tempo me legam
                como tema
                          – a farsa
                e o amargo riso plebeu.

5

Mas sigo o meu trilho. Falo o que sinto
e sinto muito o que falo
                – pois morro sempre que calo.
Minha geração se fez de lições mal-aprendidas
             – e classes despreparadas
Olhávamos ávidos o calendário. Éramos jovens.
Tínhamos a "história" ao nosso lado. Muitos
maduravam um rubro outubro
                outros iam ardendo um torpe
                agosto.
Mas nem sempre ao verde abril
                se segue a flor de maio.
Às vezes se segue o fosso
                – e o roer do magro osso.
E o que era revolução outrora
                agora passa à convulsão inglória.
E enquanto ardíamos a derrota como escória

e os vencedores nos palácios espocavam seus
                    [champanhas sobre a aurora
o reprovado aluno aprendia
        com quantos paus se faz a derrisória estória.
Convertidos em alvo e presa da real caçada
abriu-se embandeirado
        um festival de caça aos pombos
            – enquanto raiava sangüínea e fresca a
                            [madrugada.

Os mais afoitos e desesperados
em vez de regressarem como eu
                    sobre os covardes passos,
e em vez de abrirem suas tendas para a fome dos
                            [desertos,
seguiram no horizonte uma miragem
                        e logo da luta
                                passaram
                    ao luto.

Vi-os lubrificando suas armas
        e os vi tombados pelas ruas e grutas.
Vi-os arrebatando louros e mulheres
        e serem sepultados às ocultas.
Vi-os pisando o palco da tropical tragédia
        e por mais que os advertisse do inevitável final
        não pude lhes poupar o sangue e o ritual.

    Hoje
        os que sobraram vivem em escuras
        e européias alamedas, em subterrâneos

       de saudade, aspirando a um chão-de-estrelas,
       plangendo um violão com seu violado desejo
       a colher flores em suecos cemitérios.

Talvez
       todo o país seja apenas um ajuntamento
       e o conseqüente aviltamento
               – e uma insolvente cicatriz.

Mas este é o que me deram,
e este é o que eu lamento,
e é neste que espero
               – livrar-me do meu tormento.

Meu problema, parece, é mesmo de princípio:
– do prazer e da realidade
               – que eu pensava
com o tempo resolver
               – mas só agrava com a idade.

       Há quem se ajuste
       engolindo seu fel com mel.
       Eu escrevo o desajuste
       vomitando no papel.

6

Mas este é um povo bom
               me pedem que repita
               como um monge cenobita
               enquanto me dão porrada
               e me vigiam a escrita.

Sim. Este é um povo bom. Mas isto também diziam
os faraós
           enquanto amassavam o barro da carne escrava.
Isso digo toda noite
               enquanto me assaltam a casa,
isso digo
     aos montes em desalento
enquanto recolho meu sermão ao vento.

Povo. Como cicatrizar nas faces sua imagem perversa
                         [e una?
Desconfio muito do povo. O povo, com razão,
                – desconfia muito de mim.

Estivemos juntos na praça, na trapaça e na desgraça,
mas ele não me entende
                 – nem eu posso convertê-lo.
A menos que suba estádios, antenas, montanhas
e com três mentiras eternas
                 o seduza para além da ordem
                 [moral.

Quando cruzamos pelas ruas
não vejo nenhum carinho ou especial predileção nos
                       [seus olhos.
Há antes incômoda suspeita. Agarro documentos,
                [embrulhos, família
a prevenir mal-entendidos sangrentos.

Daí, já vejo as manchetes:

        – o poeta que matou o povo

– o povo que só/çobrou ao poeta
– (ou o poeta apesar do povo?)

– Eles não vão te perdoar
– me adverte o exegeta.
Mas como um país não é a soma de rios, leis, nomes
[de ruas, questionários e geladeiras,
e a cidade do interior não é apenas gás neon,
quermesse e fonte luminosa,
uma mulher também não é só capa de revista, bundas
[e peitos fingindo que é coisa nossa.
Povo
também são os falsários
e não apenas os operários,
povo
também são os sifilíticos
não só atletas e políticos,
povo
são as bichas, putas e artistas
e não só escoteiros
e heróis de falsas lutas,
são as costureiras e dondocas
e os carcereiros
e os que estão nos eitos e docas.

Assim como uma religião não se faz só de missas na
[matriz,
mas de mártires e esmolas, muito sangue e cicatriz,
a escravidão
para resgatar os ferros de seus ombros
requer
poetas negros que refaçam seus palmares e quilombos.

Um país não pode ser só a soma
de censuras redondas e quilômetros
quadrados de aventura, e o povo

não é nada novo
       – é um ovo
           que ora gera e degenera
           que pode ser coisa viva
                    – ou ave torta

depende de quem o põe
                – ou quem o gala.

7

Percebo
       que não sou um poeta brasileiro. Sequer
um poeta mineiro. Não há fazendas, morros,
casas velhas, barroquismos nos meus versos.

Embora meu pai viesse de Ouro Preto com bandas de
       [música polícia militar casos de assombração
       [e uma calma milenar,
embora minha mãe fosse imigrando hortaliças
                          [protestantes
tecendo filhos nas fábricas e amassando a fé e o pão,
olho Minas com um amor distante,
como se eu, e não minha mulher
                – fosse um poeta etíope.

Fácil não era apenas ao tempo das arcádias
entre cupidos e sanfoninhas,
fácil também era ao tempo dos partidos:

       – o poeta sabia "história"
       vivia em sua "célula",
       o povo era seu *hobby* e profissão,
       o povo era seu cristo e salvação.

O povo, no entanto, não é o cão
e o patrão
       – o lobo. Ambos são povo.
       E o povo sendo ambíguo
       é o seu próprio cão e lobo.

Uma coisa é o povo, outra a fome.
Se chamais povo à malta de famintos,
se chamais povo à marcha regular das armas,
se chamais povo aos urros e silvos no esporte popular

então mais amo uma manada de búfalos em Marajó
e diferença já não há
entre as formigas que devastam minha horta
e as hordas de gafanhoto de 1948
                – que em carnaval de fome
                o próprio povo celebrou.

Povo
       não pode ser sempre o coletivo de fome.
Povo
       não pode ser um séquito sem nome.
Povo
       não pode ser o diminutivo de homem.

O povo, aliás,
    deve estar cansado desse nome,
embora seu instinto o leve à agressão
                            e embora
o aumentativo de fome
                possa ser
                        revolução.

SÓ, NA TABA

– Quem? a essa hora decide
        o meu destino artístico
        e político? – Quantos ternos
        comprarei ou se um chapéu
        de três bicos ou se devo gastar
        meu desejo num triciclo?
– Quem? – e onde?
        a esta hora controla
        se eu morro num comício
        à bala ou já prepara
        meu político suicídio?
– Quem? me dá cursinhos
        de como morrer nos montes,
        quem? dispõe de meu presente
        e atira meu corpo ao céu
        num festival de caça ao pombo?

Muitos dizem:

        – o futuro a Deus pertence.
        Agora Deus se assenta
        em mesas platinadas
        com telefones dourados
        por onde vazam conversas
        e pingam planos
        dos *drinks* que brilham sangue.

Outrora

>a tribo inimiga também
>me invadia a taba e a sala,
>mas eu sabia quem, porque e como,
>e heróico defendia a prole com tacapes
>e dentes
>>quando soasse a hora.
>
>>Podia cair preso,
>mas sabia ler no escuro o rosto do inimigo
>e havia sempre a esperança de vitória.

O HOMEM E A LETRA

Depois de Beranger ter visto seus vizinhos virarem
[rinocerontes
depois de Clov contemplar a terra arrasada e
[comunicar-se
em monossílabos com seus pais numa lixeira
depois de Gregory Sansa ter acordado numa manhã
transformado em desprezível inseto aos olhos
[da família
e Kafka não ter entrado no castelo para ele aberto
[todavia
depois de Carlito a sós na ceia do ano cavando o
[inexistente
afeto no ouro dos salões
depois de Se Tsuam perder-se não entre as três virtudes
teologais
mas num maniqueísmo banal entre o bem e o mal
depois dos diálogos estáticos de Vladimir e Estragon
na estrada de Godot
depois de Alfred Prufrock como um velho numa
[estação seca
contemplando a devastação e incapaz de
[perturbar o universo
depois dos labirintos de Teseu, Borges e Robbe-Grillet
depois que o lobo humano se refugiou transido na
[estepe fria
depois da *recherche* no tempo perdida e de Ulisses
[perdido

        no périplo de Dublin
depois de Mallarmé se exasperar no jogo inútil de
                      [seus dados
e Malevitch descobrir que sobre o branco
só resta o branco por pintar
depois dos falsos moedeiros moendo a escrita exasperante
        em suas torres devorando o que das mãos de
        Cronos gera e degenera
depois da morte do homem e da morte da alma
depois da morte de Deus na Carolina do Norte
antes e depois do depois
aqui estou Eu confiante Eu pressupondo Eu erigindo
        Eu cavando Eu remordendo
Eu renitente Eu acorrentado Eu Prometeu Narciso Orfeu
órfão Eu narciso maciço promitente Eu
descosendo a treva barroca desse *Yo*
sem pejo do passado
reinventando meu secreto
                concreto
                Weltschmerz

Que ligação estranha então havia entre os nós e os nós
        de outros eus
entre Deus e Zeus
que estranha insistência que penitência ardente que
                      [estúpido
    e tépido humanismo
que fragilidade na memória que vocação de emblemas
    e carência em mitografar-se
que *projectum* árduo e cego que radar tremendo
                      [pelas veias

que vocação de camuflar abismos e flutuar no vácuo
que reincidente recolocar do vazio no centro do vazio?

Que aconteça o humano com todos os seus *happenings*
    e *dadas*
que para total desespero de mim mesmo e de meus
    [amigos
*I have a strongs feeling that the sum of the parts does
    not equal the whole*
e *que la connaissance du tout précède celle des parties*
e com um irlandês aprendo a dividir 22 por 7 e achar
    no resto ZERO
enquanto grito sobre as falésias
    *when genuine passion moves you say what you
    have to say and say it hot*

Bêbado de merda e fel egresso da Babel e de onde os
    [sofistas
    me lançaram
vate vastíssimo possesso e cego guiado pelo que nele há
    de mais cego
tateando abismos em parábolas
açodando a louca parelha que avassala os céus
diante do todo-poderoso Nabucodonosor eu hoje tive
    [um sonho:
    000: INFERNO – recomeçar
Salute o Satana, *Finnegans reven again!*
agora sei que há a probabilidade da prova e da idade
o descontínuo do tímpano e o contínuo
que de Prometeu se vai a Orfeu e de Ptolomeu se vai
    a Galileu

Eurídice e Eu, Eu e Orfeu
o feitiço contra Zebedeu Belzebu e os seus

Madness! Madness!
sim, loucura, mas não é a primeira vez que me expulsam
    da República
loucura, sim, loucura, ora direis
enquanto retiro os jovens louros de anteontem

Que encham a casa de espelhos aliciando as terríveis
    [maravilhas
para que vejam quão desfigurado cursava o filho do
    [homem
    em seus desertos cheios de gafanhoto e mel
    [silvestre
que venha o longo verso do humano
o desletrado inconsciente
fora os palimpsestos! *Mylord* é o jardineiro
eis que o touro negro pula seus cercados e cai no
    [povaréu

Ecce Homo
ego e louco
cego e pouco
ébrio e oco
cheio de *sound and fury*
in-sano in-mundo

Madness! Madness! Madness!
Madness
    Summerhill
        Weltschmerz
– ET TOUT LE RESTE EST LITTÉRATURE

A FALTA FUTURA

Morto, não terei que escovar os dentes
nem pagar impostos. Telefone não atenderei
nem ouvirei reclamações sobre a crise
político-financeira
                acaso feitas
da cova ao lado.

Também não amarei, e isto é que é mal,
pois ficar sem amor
                – é mortal.

MORTE NO TERRAÇO

Morre mais um pombo no terraço.
Vendo-o encolhido há dias, eu não sabia
que o pombo (naquele pombo) já morria.
Chamo a mulher
para ajudar-me a viver mais essa morte.
Ela toma-o na mão. (Os animais a amam.)
Acaricia-o e deixa-o descansar à sombra.

De novo só,
o pombo olha o mundo quieto e estático.
Súbito, vira as patinhas para cima
batendo as asas num espasmo. (Um outro pombo,
estranhando a cena, vem bicando sementes
junto ao corpo que estertora.)

Tomo uma caneta *vermelha* e anoto, urgente,
a morte do pombo no poema.
O pombo tomba a cabecinha.
O poema se inclina.
Uma gota *vermelha* cai do bico (ou pena)
e o poema
            – termina.

TEXTO FUTURO

O que vão descobrir em nossos textos,
não sabemos.
Temos intenções, pretensões inúmeras.
mas o que vão descobrir em nossos textos,
não sabemos.

Desamparado o texto,
desamparado o autor,
se entreolham, em vão.

Órfão,
o texto aguarda alheia paternidade.
Órfão,
o autor considera
entre o texto e o leitor
– a desletrada solidão.

O POETA E A BALA

para o poeta Álvaro Alves Faria

1

Pessoas carregam afrontas, remorsos,
outros, dívidas, projetos.
Conheço um poeta que carrega na cabeça
uma bala viva.

Bala nada metafísica,
não metáfora-espelho,
bala mesmo, explosiva,
no estopim do cerebelo.

Meteu-a lá um ladrão afoito
num de repente furtivo; meteu-a
lá, por nada, por hábito agressivo
num estúpido estampido.

Colocou-a não como se coloca
um livro na estante,
um verso no poema,
na próclise o pronome,
atirou-a como se, no homem, engatilhasse
a bala de um sobrenome.

Atirou-a como a granada
que se recusa a explodir

e fica, não no ar parada,
mas no corpo agasalhada.

2

O poeta toma seu carro, viaja,
mas nele a bala anda
estacionada.
O poeta ama, troca de cama
e de mulheres, mas nele
a bala passeia
como se na praça passeasse
enamorada.

Ele vai ao médico, tira radiografias
vive perseguindo-a antes que ela,
como um míssil impaciente,
o alcance internamente.

De dia vigilante, acompanha
da bala a metálica sanha,
mas é de noite que, a cabeça na fronha,
o poeta embalado
                – sonha.

3

Desde que me contou sua sina,
que abalado levo na cabeça cativa
a imagem da bala progressiva.
Alojou-se-me no cérebro – a atrevida –,

me persegue e exige que a desfira
num poema como se fosse
uma balavra viva.

Nele é fatal a ferida
Em mim, metáfora alusiva.
Nele, é ameaça constante
em mim imagem corrosiva

Essa bala se parece e é diversa
da bala de Cabral, outro poeta,
passa raspando seu texto
contudo, é mais real.

Anos muitos se passaram:
penetrei cabeças, assaltei afetos
e atirei a esmo meus poemas
em gavetas e mulheres,
mas a balavra do poeta,
em mim ara inquieta.

Só me resta um recurso:
alojá-la na escritura,
atirá-la no leitor
na espera que essa bala
na leitura que o outro faça
prossiga sua aventura.

CONJUGAÇÃO

Eu falo
tu ouves
ele cala.

Eu procuro
tu indagas
ele esconde.

Eu planto
tu adubas
ele colhe.

Eu ajunto
tu conservas
ele rouba.

Eu defendo
tu combates
ele entrega.

Eu canto
tu calas
ele vaia.

Eu escrevo
tu me lês
ele apaga.

OBJETOS DO MORTO

Os objetos sobrevivem ao morto:
os sapatos,
o relógio,
os óculos
        sobrevivem
ao corpo
e solitários restam
sem conforto.

Alguns deles, como os livros,
ficam com o destino torto.
Parecem filhos deserdados
ou folhas secas no horto.
As jóias perdem o brilho
embora em outro rosto.

Não deveriam
deixar pelo mundo
              espalhados
os objetos órfãos do morto,
pois eles são, na verdade, fragmentos
de um corpo.

ANTES QUE O CORPO PARTA

Lá se me vai o corpo escoando
em suas fraquezas, doenças. Quer me fugir.
Retenho-o pelo pêlo a contrapelo e apelo:
– Vou tirar de ti, meu caro, os últimos prazeres,
o gozo, além dos meus deveres.
O corpo pára, me considera. Estuda
como escapar-me com sua astúcia de fera.

Enganas-te, meu caro, te usarei até o fim
te terei preso ao prazer desta coleira.

Algumas bactérias, no entanto,
comem-me já as bordas
das quimeras e dilemas.
O corpo se me vai. Mas dele tiro ainda
os últimos dos poemas.

DESPEDIDAS

Começo a olhar as coisas
como quem, se despedindo, se surpreende
com a singularidade
que cada coisa tem
de ser e estar.

Um beija-flor no entardecer desta montanha
a meio metro de mim, tão íntimo,
essas flores às quatro horas da tarde, tão cúmplices,
a umidade da grama na sola dos pés, as estrelas
daqui a pouco, que intimidade tenho com as estrelas
quanto mais habito a noite!

Nada mais é gratuito, tudo é ritual.
Começo a amar as coisas
com o desprendimento que só têm
os que amando tudo o que perderam
já não mentem.

SEPARAÇÃO

Desmontar a casa
e o amor. Despregar
os sentimentos
das paredes e lençóis.
Recolher as cortinas
após a tempestade
das conversas.

O amor não resistiu
às balas, pragas, flores
e corpos de intermeio.

Empilhar livros, quadros,
discos e remorsos.
Esperar o infernal
juízo final do desamor.

Vizinhos se assustam de manhã
ante os destroços junto à porta:
– pareciam se amar tanto!

Houve um tempo:
                uma casa de campo,
                fotos em Veneza,
um tempo em que sorridente
o amor aglutinava festas e jantares.

Amou-se um certo modo de despir-se,
de pentear-se.
Amou-se um sorriso e um certo
modo de botar a mesa. Amou-se
um certo modo de amar.

No entanto, o amor bate em retirada
com suas roupas amassadas, tropas de insultos
malas desesperadas, soluços embargados.

Faltou amor no amor?
Gastou-se o amor no amor?
Fartou-se o amor?

No quarto dos filhos
outra derrota à vista:
bonecos e brinquedos pendem
numa colagem de afetos natimortos.

O amor ruiu e tem pressa de ir embora
envergonhado.

Erguerá outra casa, o amor?
Escolherá objetos, morará na praia?
Viajará na neve e na neblina?

Tonto, perplexo, sem rumo
um corpo sai porta afora
com pedaços de passado na cabeça
e um impreciso futuro.
No peito o coração pesa
mais que uma mala de chumbo.

A INTRUSA

Ela queria entrar no meu poema
                               à força.

Primeiro, meteu a perna
expondo a coxa.
(O poema resistindo.)
Depois as unhas pintadas.
Quando abriu a boca para o beijo
tirei toda as bilabiais do texto.
Restaram seus longos cabelos
cobrindo-me uma estrofe inteira.
Mas isto só verão aqueles
que sabem ler palimpsestos.

ESTELA AMOROSA

Posso fingir que nada aconteceu
após esse telefonema?

Olho pela janela, a montanha, os prédios.
Posso sair, comprar roupa nova,
ir ao cinema, ao bar, concerto,
respirar fundo, dizer, tinha que acontecer,
dizer, amei-a muito, pensar
que o passado já começou.

O telefonema em mim ressoa.
Sobre um sentimento assim não se põe uma pedra
e se segue em frente.
Mesmo que eu siga, sem olhar pra trás
a pedra
       florescerá
              secretamente.

ENTREVISTA

Telefonam-me do jornal:
– Fale-me de amor –
diz o repórter,
como se falasse
do assunto mais banal.

– Do amor? – Me rio,
informal. Mas
ele insiste:
– Fale-me de amor –
sem saber, displicente,
que essa palavra
é vendaval.

– Falar de amor? – Pondero:
o que está querendo afinal?
Quer me expor
no circo da paixão
como treinado animal?

– Fala... – insiste o outro
– Qualquer coisa.
Como se o amor fosse
"qualquer coisa"
para embrulhar jornal.

– Fale bem, fale mal,
uma coisa rapidinha
– ele insiste, como se ignorasse
que as feridas de amor
se lavam com água e sal.

Ele perguntando
eu resistindo,
porque em matéria de amor
e de entrevistas
qualquer pergunta mal dita
é fatal.

CASAMENTO

Essa mulher que há muito dorme ao meu lado
vai, como eu, morrer um dia.
Estaremos deitados para sempre
conversando
como nas manhãs preguiçosas de domingo,
como nas noites em que voltamos das festas
e nos despimos comentando as pessoas, roupas e
                                      [comidas,
e depois adormecidos nos pomos
a entrelaçar os sonhos
num diálogo imóvel
que nenhuma morte pode interromper.

RICORDANZA DELLA MIA GIOVENTÙ

Ela gozava de todas as maneiras.

Gozava se eu lhe beijasse as ancas.
gozava se eu roçasse a barba no seu ombro,
gozava com minha língua em sua orelha
ou boca,
gozava com a planta do pé
e até por telefone gozava.

Quando eu a penetrava, então,
na frente ou trás,
era uma catadupa de gemidos e gritos.

Vê-la gozar era o meu gozo.

E eu gozava gozando
o gozo que era meu
no interminável gozo dela.

AMOR SEM EXPLICAÇÃO

De uma gostei,
pensando:
        – são os olhos
A outra amei,
julgando:
        – são as pernas
De outras,
        os cabelos,
        a boca,
        o endiabrado sexo.
Assim, a fonte do amor
ia, em vão, localizando.

Agora estou perplexo:
olho teus olhos,
        tuas coxas,
        tua boca,
        teus cabelos,
        teu etc.

– De onde a sedução?

Desavorado desabo
no teu corpo,
ponho-me a amar, estupefato,
dispensando explicação.

FLOR DA TARDE

Ali, na junção das coxas com o tronco, suspiravas
e a doce fúria de minha língua jardineira
tua carne floreava.
E dizias: "ai amor" e teu sorriso
o mel da tarde clareava.

Teu sexo
       – orquídea entreaberta –
perfumava a noite e meu corpo apascentava.

FRAGMENTO DE HISTÓRIA

E tudo ia, digamos, mais ou menos
até que veio a peste negra de 1348.
E em breve plantávamos de novo os arrozais
quando veio a peste rosa de 1361.
Mas refizemos a alegria dos bordéis e sinos da
                                  [paróquia
até que veio a peste vermelha de 1564.
E após a peste de 1586, que veio após o carnaval
                                  [de 1578,
resolvemos dançar para sempre
na lâmina da noite
até que viesse uma outra peste
ou o arco-íris.

AS UTOPIAS

Utopias
são facas
de dois
gumes:

Num dia
dão flores,
noutro
são estrume.

Na travessia
do deserto
as utopias
são miragens.

Mas como
se alimentar
de paisagens?

As utopias
mobilizam.
E a longo prazo
paralisam.

Utopias
são ambíguas:

podem aliviar
no presente
as fadigas,
mas no futuro
levam a um muro
sem saída.

Mais que
dilema
bigume:
estrela
e negrume,
trampolim
e tapume
ou fênix
implume,
nenhuma
imagem
as utopias
resume.

As utopias
são facas
de três gumes.

REMORSO HISTÓRICO

Jovem, tentei escamotear. Impossível.
Culpado eu era. O quanto não sabia.

Fui eu quem armou a mão de Brutus
na traição a César no Senado.
Fui eu quem traiu Atahualpa, o inca,
e dizimou os astecas.
Fui eu quem matou o czar e sua família
e ateou fogo à aldeia vietnamita
e toda noite comete execráveis crimes
na tevê.

Se não fui eu
quem morreu em Waterloo e traiu em Verdun,
se não fui eu
quem torturou o guerrilheiro argelino-argentino,
se não fui eu
quem matou Lorca, Chatterton e Maiakovski,
então,
      por que essa insônia,
           esse impulso de entrar na primeira delegacia
           e declarar: Me prendam!

Se não fui eu,
      então por que volto sempre tenso ao local do crime
      deixando ali vestígios e poemas?

HAI-CAI MALLARMAICO
LATINO-AMERICANO

Um golpe militar
jamais
abolirá o azar.

MORRER NO BRASIL

Morre
      (em mim
           o meu país.
Morre
      com meus amigos
                  que morrem
morre
      com cada dia
           que morre
      quando morro
      não apenas no caixão
      mas humilhado nos guichês
      nas notícias da tevê
      no achaque, na extorsão.

O guarda
      leva-me o fígado
o mecânico os braços
o político me convence
de que sou boneco de palha
e no aquário das esquinas
piranhas me atacam
deixando-me um esqueleto
exposto nas vitrinas.

Sinto que me expropriam o olho
                         a perna
                         a pena
                         o pensamento
                         o poema.

Morro
      a cada notícia no jornal
morro
      a cada decreto espúrio
que me expropria o mais banal
morro
        em minha casa
             nas favelas e morros.

Morre (em mim) um sonho de país
uma ilusão histérica
ou histórica?

Como o doente terminal, cabeça lúcida,
vê-se fanar-se canceroso o corpo corroído
gânglios inchados
nódulos nos seios
o avanço lento para a treva
em vez do romântico arrebol

vivo
     num país que me des/mata
respiro
         num país que me enfumaça
acuado

       num país que me seqüestra
       e como resgate exige
       minha alma selvagem em pêlo.

Humildemente me recolho.
Procuro um colo ou ombro.

Irmão, eu choro
            – um amazônico desconsolo.

OBRA HUMANA

Me assento na privada deste hotel
onde Gullar e Callado provavelmente defecaram
nas manhãs de ontem e anteontem
olhando a mesma cama e paisagem,
pensando na merda que é este governo
e este país.

Sempre penso no que pensa a Rainha Elizabeth
no mais humano dos tronos.
Trono. Onde descomo.
Escritores somos
obrando no intestino do deus Cronos.

Que merda de país!
Drummond diria: este é ainda
um tempo de fezes, maus poemas.

Mas é isto que nos foi dado obrar. Obremos.

24 DE AGOSTO DE 1954

                                para Frei Beto

Na madrugada em que Getúlio
                se matou
eu, no interior de Minas,
                dormia impunemente
                em adolescentes lençóis.

Os padeiros serviam pão
nas janelas, e nos quintais
os galos serviam a aurora
                – por cima dos generais.

Tomei meu mingau com aveia
                – a bênção da mãe na sala,
peguei nos lápis e livros
e saí pela neblina
sem saber que um feriado
me livraria das provas
– e me abateria na esquina.

                Às 10 horas a notícia quente
                me veio nas mãos e na fala
                do professor de História.

Suspensa a aula (e o país)
o mestre teorizava
para um grupo no portão
                teorizava

como quem pisa o barro
erguendo tijolos frios
para exaurir
        – sangue e lama. A lama
              que se derrama
              não só dentro, de fora
              dos jornais e dos palácios
              ardendo vergonha e fogo
              como o povo ardia a praça.

Me lembra a voz do messias
com seu sermão serra abaixo,
como uma ovelha acuada
falando em holocausto e sangue.

E havia a palavra *povo*

            e a ela se referia
            como seu ectoplasma.

O mais não lembro.
        Foi um dia meio confuso
        com rádio, jornal e fúria,
        em que as lições eram dadas
        fora dos muros da escola.

Outros dias se seguiram
        com neblina, aveia e espanto,
        os padeiros servindo o pão
            – para os parvos comensais
        e os galos servindo a história
            – pela mão dos generais.

SOU UM DOS 999.999 POETAS DO PAÍS

1
INTRODUÇÃO SÓCIO-INDIVIDUAL DO TEMA

Sou um dos 999.999 poetas do país
que escrevem
enquanto caminhões descem pesados de cereais
e celulose
ministros acertam o frete dos pinheiros
carreados em navios alimentados com o óleo
que o mais pobre pagará.

(– Estes são dados sociais
    de que não quero falar, embora
    tenha aprendido em manuais
    que o escritor deve tomar o seu lugar na História
    e o seu cotidiano alterar.)

Sou um dos 999.999 poetas do país
com mãe de olhos verdes e pai amulatado
ela – a força de áries na azáfama da casa
    a decisão do imigrante que veio se plantar
ele – capitão de milícia tocando flauta em meio às balas
    lendo salmos em Esperanto sobre a mesa
                     [domingueira.

(– Estes são sinais particulares
   que não quero remarcar, embora

    tenha aprendido em manuais
    que o que distingue a escrita do homem
    são seus traços pessoais que ninguém pode imitar.)

2
DESENVOLVIMENTO HÁBIL E CONTÁBIL DO (P)R(O)BL(EMA)

Sendo um dos 999.999 poetas do país
desses sou um dos 888.888
que tiveram Mário, Bandeira, Drummond, Murilo,
        [Cecília, Jorge e Vinícius como mestres
e pelas noites interioranas abriam suas obras
lendo e reescrevendo os versos deles nos meus versos
com deslumbrada afeição.

Desses sou um dos 777.777 poetas
que se ampliaram ao descobrir Neruda, Pessoa, Petrarca,
        [Eliot, Rilke, Whitman, Ronsard e Villon
em tradução ou não
e sem qualquer orientação iam curtindo
um bando de poetas menores / piores
que para mim foram maiores
pois me alimentavam com a in-possível poesia
e a derramada emoção

Desses sou um dos 666.666 poetas
que fundando revistinhas e grupelhos aspiravam
        [(miudamente)
à glória erótica & literária
e misturando madrugadas, festas, citações, sonhos

[de escritor maldito e o mito das gerações
depois da espreita aos suplementos
batem à porta do poeta nacional para entregar
poemas
(com a alma na mão)
esperando louvor e afeição.

Desses sou um dos 555.555
que um dia foram o melhor poeta de sua cidade
o melhor poeta de seu estado
dos melhores poetas jovens do país
e quando já se iam laureando aqui e ali em plena arcádia
surpreenderam-se nauseados
e cobrindo-se de cinza retiraram-se para o deserto
a refazer a letra do silêncio
e o som da solidão.

Desses sou um dos 444.444 poetas
que depois da torrente de versos adolescentes e noturnos
se estuporaram per/vertidos nas vanguardas
e por mais de 20 anos não falamos de outra coisa
senão da morte do verso e da palavra e da vida do sinal
acreditando que a poesia tendia para o visual
e que no séc. XXI etc. e etc. e tal.

Desses sou um dos 333.333 poetas
que depois de tanto rigor, ardor, odor, horror
partiram para a impureza (consciente) das formas
podendo ou não rimar em *ar* e *ão*
procurando o avesso do aprendido
o contrário do ensinado

interessado não apenas em calar, mas em falar
não apenas em pensar, mas em sentir
não apenas em ver, mas contemplar
fugindo do falso novo como o diabo da cruz
porque nada há de mais pobre que o novo ovo de ouro
gerado por falsas galinhas de prata.

Desses sou um dos 222.222 poetas
que penosamente descobriram que uma coisa
é fazer um verso, um poema ou mais
e receber os elogios médio-medianos dos amigos
e outra, bem outra, é ser poeta
e construir o projeto de uma obra
em que vida & texto se articulem
      letra & sangue se misturem
      espaço & tempo se revelem
e que nesta matéria revêm o dito bíblico
– muitos os chamados, poucos os escolhidos.

Desses sou um dos 111.111 professores
universitários ou não
que antes de tudo eram poetas-patetas-estetas-profetas
e que depois de ver e viver da obra alheia
estupefactos
descobrem que só poderiam / deveriam
sobreviver
com a própria
      que escondem e renegam
por pudor
    recalque
        e medo.

Sou um dos 999 poetas do país
que
sub / traídos dos 999.999
serão sempre 999 (anônimos) poetas
expulsos sistematicamente da República por Platão
que um dia pensaram em mudar a História com dois
       [versos pena & espada
(o que deu certo ao tempo de Camões)
e que escrevendo páginas e páginas não mudaram nada
senão de tinta e de endereço.
Mas foi dessa inspeção ao nada que aprenderam
que na poesia o nada se perde
       o nada se cria
         e o nada se transforma.

3
CONCLUSÃO JOCO SÉRIA AO MODO DOS POETAS MODERNISTAS

Sou um dos 999.999...

Novecentos   e
noventa   e
nove   mil
novecentos   e
noventa   e
nove
       poetas
        – devo dizer,
isto sem contar os violeiros, os sambistas
e os escriturários que se sentam em largas mesas
e protocolam o tédio do país.

DEPOIS DE TER EXPERIMENTADO TODAS AS FORMAS POÉTICAS, TER-SE ALISTADO NAS VANGUARDAS E DELAS SE DESVIADO (TATICAMENTE), O POETA RECAI FELIZ NO SONETO, FAZENDO NÃO APENAS AQUELES SONETOS CONCRETOS, MAS UM POEMA ONDE REPENSA DIVERSOS PROBLEMAS AO NÍVEL DO CONTEÚDO NUM TEXTO ESCRITO NUM JORRO SÓ.

A vida por outros já descrita e os sentimentos
antes únicos, agora tornados comuns, de todo mundo,
recaio no soneto, forma de silêncio, onde o dizer
é não-dizer, que não-dizer é o que (dizer) venho.

Forma melhor de escrever é ler e ler nos outros
o que pensamos ser só nosso e é de tantos, há tanto,
que nada de novo existe, *topos* com que topo eu,
lugar-comum de tantos tipos comuns que me
                                                                       [reescreveram.

Aceitar o não-dizer, dizer-nenhum, abrir mão da fala
e do falo, para que o amor flua e nunca falho se retenha
numa só parte do corpo avesso a se entregar.

O silêncio da fala do verso, o silêncio difícil da forma
alcançada como quem se deposita vivo numa linguagem
maior que nos transcende e nos engana enquanto fala.

SONETO COM FORMA E FUNDO

forma fundo forma fundo forma fundo forma
fundo forma fundo forma fundo forma fundo
forma fundo forma fundo forma fundo forma
fundo forma fundo forma fundo forma fundo

forma fundo forma fundo forma fundo forma
fundo forma fundo forma fundo forma fundo
forma fundo forma fundo forma fundo forma
fundo forma fundo forma fundo forma fundo

forma fundo forma fundo forma fundo forma
fundo forma fundo forma fundo forma fundo
forma fundo forma fundo forma fundo forma

fundo forma fundo forma fundo forma fundo
forma fundo forma fundo forma fundo forma
fundo forma fundo forma fundo forma fundo

TEORRÉIAS

§. Don Miguel de Saavedra y Cervantes, talvez porque perdesse muito tempo prisioneiro no Norte da África até que a rainha o resgatasse por 500 moedas de prata, não pôde estudar estilística com Dámaso Alonso e Helmut Hatzfeld, mas já temia que Borges e Pierre Menard lhe escrevessem o *Don Quijote.*

§. Scheherazade, sem que o Rei notasse e acoimada pela irmã, pulou as páginas das *1001 Noites* escritas por Tzvetan Todorov sabendo que naquele exato momento ele estava reescrevendo *O Decamerão.*

§. Rabelais ainda não pôde ler Starobinski, Skolovsky e os pesquisadores da École de Hautes Études, mas soube de Balzac que ele deixou de lado *A Comédia Humana,* tão interessado anda no *S/Z* de Barthes e nos cursos de semiologia da Sorbonne.

§. O cacique Bororo com *O Cru e o Cozido* debaixo dos braços bateu à porta da Alliance Française pedindo que M. Lévi-Strauss lhe ensinasse finalmente a língua de Montaigne.

§. Joyce certamente escreveu o *Finnegans Wake*, viveu em Trieste e sabia mil línguas, mas morreu, e isto é grave, sem ter lido o Plano-Piloto da Poesia Concreta.

§. Cristo, por exemplo, não foi à missa no último domingo.

§. O passado é que precisa de profetas.
O futuro a Deus pertence.

LOUVOR DO CORPO

Há-os mais destros, eu sei.
Mas com este
corto ao tempo exato o gesto escuso,
assalto a noite, cruzo as horas
e me fujo galopando em potros verdes.

Há-os mais fortes, eu sinto.
Mas com este
ataco, esquivo-me e agrido
como posso.
Com este parto para o embate
e com ele é que eu retorno
                         – se vencido.

Há-os mais amados, me dizem.
Mas este sabe aonde, e sabe como, e sabe quando
e nunca contaria
o que ouve e sente,
quando em seus leitos se entreabrem outros corpos
com segredos repentinos,
florações de ataque e paz.

Há-os mais belos, os vejo,
nos coloridos do bronze
e no esplendor de mil calçadas.
Mas este me vai como luva,

e o enfio inteiro nos abraços
e o retiro intato do espelho.

Há-os mais em tudo, e eu sei.
Mas deste é que eu me sirvo,
este é o que me deram,
este é o que alimento,
com este como, beijo e frutifico

e é com este que eu fecundo a própria morte.

SOBRE A ATUAL VERGONHA DE
SER BRASILEIRO

> Projeto de Constituição atribuído a Capistrano de Abreu:
> Art. 1º – Todo brasileiro deve ter vergonha na cara.
> Parágrafo único:
> Revogam-se as disposições em contrário.

Que vergonha, meu Deus! ser brasileiro
e estar crucificado num cruzeiro
erguido num monte de corrupção.

Antes nos matavam de porrada e choque
nas celas da subversão. Agora
nos matam de vergonha e fome
exibindo estatísticas na mão.

Estão zombando de mim. Não acredito.
Debocham a viva voz e por escrito.
É abrir jornal, lá vem desgosto.
Cada notícia
        – é um vídeo-tapa no rosto.

Cada vez é mais difícil ser brasileiro.
Cada vez é mais difícil ser cavalo
desse Exu perverso
        – nesse desgovernado terreiro.

Nunca vi tamanho abuso.
Estou confuso, obtuso,
com a razão em parafuso:

a honestidade saiu de moda,
a honra caiu de uso.

De hora em hora
a coisa piora:
arruinado o passado,
comprometido o presente,
vai-se o futuro à penhora.
Me lembra antiga história
daquele índio Atahualpa
ante Pizarro – o invasor,
enchendo de ouro a balança
com a ilusão de o seduzir
e conquistar seu amor.

Este é um país esquisito:
onde o ministro se demite
negando a demissão
e os discursos são inflados
pelos ventos da inflação.
Valei-nos Santo Cabral
nessa avessa calmaria
em forma de recessão
e na tempestade da fome
ensinai-me
        – a navegação.

Este é o país do diz e do desdiz,
onde o dito é desmentido
no mesmo instante em que é dito.
Não há lingüista e erudito

que apure o sentido inscrito
nesse discurso invertido.

Aqui
> o dito é o não-dito
> e já ninguém pergunta
> se será o Benedito.

Aqui
> o discurso se trunca:
> o sim é não,
> o não, talvez,
> o talvez
> – nunca.

Eis o sinal dos tempos:
> este o país produtor
> que tanto mais produz
> tanto mais é devedor.

> Um país exportador
> que quanto mais exporta
> mais importante se torna
> como país
>   – mau pagador.

E, no entanto, há quem julgue
que somos um bloco alegre
do "Comigo Ninguém Pode",
quando somos um país de cornos mansos
cuja história vai dar bode.

Dar bode, já que nunca deu bolo,
tão prometido pros pobres
em meio a festas e alarde,
onde quem partiu, repartiu,
ficou com a maior parte
deixando pobre o Brasil.

Eis uma situação
totalmente pervertida:
– uma nação que é rica
consegue ficar falida,
– o ouro brota em nosso peito,
mas mendigamos com a mão,
– uma nação encarcerada
doa a chave ao carcereiro
para ficar na prisão.

Cada povo tem o governo que merece?
Ou cada povo
tem os ladrões a que enriquece?
Cada povo tem os ricos que o enobrecem?
Ou cada povo tem os pulhas
que o empobrecem?

O fato é que cada vez mais
mais se entristece esse povo
num rosário de contas e promessas,
num sobe e desce
              – de prantos e preces.

Ce n'est pas un pays sérieux!
já dizia o general.
O que somos afinal?
Um país pererê? folclórico?
tropical? misturando morte
e carnaval?

– Um povo de degradados?
– Filhos de degradados
largados no litoral?
– Um povo-macunaíma
sem caráter nacional?

Ou somos um conto de fardas
um engano fabuloso
narrado a um menino bobo,
– história de chapeuzinho
já na barriga do lobo?

Por que só nos contos de fada
os pobres fracos vencem os ricos ogres?
Por que os ricos dos países pobres
são pobres perto dos ricos
dos países ricos? Por que
os pobres ricos dos países pobres
não se aliam aos pobres dos países pobres
para enfrentar os ricos dos países ricos,
cada vez mais ricos,
mesmo quando investem nos países pobres?

Espelho, espelho meu!
há um país mais perdido que o meu?

Espelho, espelho meu!
há um governo mais omisso que o meu?
Espelho, espelho meu!
há um povo mais passivo que o meu?

E o espelho respondeu
algo que se perdeu
entre o inferno que padeço
e o desencanto do céu.

A GRANDE FALA DO ÍNDIO GUARANI

1ª PARTE

– ONDE leria eu os poemas de meu tempo?
– Em que prisão-jornal?
      – em que consciência-muro?
            – em que berro-livro?

Como a besta apocalíptica procuro o texto
            que comido me
              [degluta
e me arrebate
      e denuncie
e me punja
      e me resgate
           a mim já torturado e mal-
              [contido
            em gritos desse olvido
              – sob o pus dessa
              [agressão.

– ONDE leria eu os poemas de meu tempo?
– No vazio de meu verso?
      – na escrita que interditam?
            – na frase que renego?
            – no sentido a que me
              [apego?

ou na pele do dia nordestina aberta
e abatida nos subúrbios de anemia e medo?

                ou

    nos muros dos conventos
    no musgo dos monumentos
    na ruína intemporal que me arruína

                ou

    nas mesas frias dos conselhos
    copos d'água café fumaça quadro mapas
    e a fala-fala-fala-fala-fala
    do grafite no papel de tédio
    atando retos riscos sobre espirais de nada?

                ou

    quem sabe na lata de lixo que essa hora aflora
    onde se ajuntam o gesso do abatido atleta
        os cães mendigos do jantar comido
        o coagulado sangue guerrilheiro
        os cacos do sorriso
        e as colas da esperança verminando
        o corpo de um sempre poeta morto
        dessangrando
        sobre as lombadas da história?

Como outros
        procuro o texto que me salve
                e me exaspere

       e me leve à cal
             não de um vão sepultamento
mas à cal
  – do meu revezamento.

E arrancando da platéia os urros de vitória
superando os meus tropeços de vaidade inglória
me impeça de emborcar no nada.

– Existiria um tal poema tão ungido e ingente?
ou quem sabe a escrita dessa hora é ilusória
e o que chamamos "agora" não é mais
que aquilo que desora do bolor da história?

– Quem sabe tal letra já está gravada
              nos palimpsestos assírios
              na pena do sábio antigo?
ou de novo se fez poema
          no ovário da mulher
que na Amazônia foi castrada
             porque já somos muitos e imundos
             em muitas partes do mundo
e todos temem os pobres e os ratos
             que cruzam pelas ruas e subúrbios
             e se reproduzem e roem os cascos do
                    [iate
             e fornicam como praga migratória
             roendo a paz dos ricos

                 – que também ratos
        mesmo enquanto dormem
              – nos devoram?

Insano
    em fúria
        possesso
como outros procuro o texto que me des / oriente
e derrube as muralhas chinas e as vermelhas sibérias

e sendo um expurgado texto e um reprovado excurso
exponha o ódio meu de gerações
        passadas
        devoradas
pelo fogo das inquisições
em que Giordano Bruno e Galileu
        e Antônio José – o judeu
            se arderam
            e nos salvaram
e sendo amor-e-ódio
        e
        o
    bem-e-o-mal

        me resgate da covardia geral
        e desse silêncio em que me
            [instalam
        – catre barroco onde me ardo
        e onde me estalo em mil remorsos
                de incapaz.

RAINER MARIA RILKE E EU

Rilke

    quando queria fazer poemas
    pedia emprestado um castelo
    tomava da pena de prata ou de pavão,
    chamava os anjos por perto,
    dedilhava a solidão
                   como um delfim
    conversando coisas que europeu conversa
    entre esculpidos gamos e cisne
                      – num geométrico
                          [jardim.

Eu

    moderno poeta, e brasileiro
    com a pena e pele ressequidas ao sol dos
                          [trópicos,
    quando penso em escrever poemas
          – aterram-me sempre os terreais
                          [problemas.
    Bem que eu gostaria
    de chamar a família e amigos e todo o povo
                          [enfim
    e sair com um saltério bíblico
    dançando na praça como um louco David.

Mas não posso,

    pois quando compelido ao gesto do poema
    eu vou é pegando qualquer caneta ou lápis e
        [papel desembrulhado

    e escravo
    escrevo entre britadeiras buzinas seqüestros
        [salários coquetéis televi-
        são torturas e censuras

e os tiroteios
    que cinco vezes ao dia
    disparam na favela ao lado

metrificando assim meu verso marginal de perseguido
que vai cair baldio num terreno abandonado.

MAL DE VISTA

Tendo se alterado
meu modo de ver as coisas
vou ao oculista que, científico, me diz:
                    – vista cansada.

De fato não vejo perto
as coisas que antes via.
– O que teria eu tanto visto
ou de tão grave descoberto
que levando-me a retina
me deixasse o gasto espanto
nos olhos boquiabertos?

Estranho. Cansada a vista
e, no entanto, enxergando longe
como se além de caminhar pra foz,
voltasse à fonte.

Tomo nas mãos as lentes
que fazem entardecer os olhos
desse velho adolescente. Enfim

                pareço escritor
                com ar sério, decadente,
                e não mais o atleta com o suor
                do bíceps e o riso cheio de dentes.

– Teriam-me as pupilas se cansado
do presente e se ocultado
pra sempre no passado?

– Queimei os olhos à luz da vela
como um santo anacoreta?
– Perdi a colheita dos campos
retido na palha do instante?

Menino, me diziam: tens o olho
maior que tua barriga, e com as pupilas
eu comia alhos e bugalhos
e não me satisfazia.

– Posso assim avariado
continuar impertinente esse comércio
de olho por olho, enquanto
não me levam os dentes?

Tirar e botar os óculos
como o balconista suas frutas,
como a galinha seus ovos
e a roupa, a prostituta.

– Quando comecei a afastar os textos
para enxergá-los mais perto?
ou comecei a desver fora
para enxergar-me por dentro?
quando primeiro tropecei
nas etiquetas e partidos
e cumprimentei o inimigo
com o coração entreaberto?

– Daltônico confesso, quando foi
que na aquarela dos morros
confundi o desespero vermelho das favelas
com o amarelo louco de Van Gogh?

Óculos. Armação de osso e plástico.
Aparelho ou camelo
em cujo lombo viajo
descobrindo no deserto
o que é areia e miragem.

Óculos. Casco de tartaruga
desovando imagens novas
nas margens duplas do tempo,
nas rugas fundas dos olhos.

Agora talvez entenda o que tanto lêem
nas suas cartas as figuras luminosas das pinturas dos
                              [flamengos.
Assim armado talvez descubra a interna dança
que o biologista vê na pululante matéria
e a transparência da lâmina que atravessa o povo
manchada de esperança e sangue.

Um dia
      volto ao oculista
com a vista mais pervertida
desabando cataratas
                que energia já não podem.
Como um cego Galileu, que já não se comove,
abro mão da luneta, quebro o microscópio na mesa

convencido que a história dos homens e dos astros
independe de meus olhos
                    – e por si mesma se move.

O HOMEM E O OBJETO

1

Sou o guerreiro,
a palavra a seta,
o objeto a meta:

o guerreiro solta a seta
e no alvo se completa.

A palavra
é o corpo
onde vivo
em duplo aspecto.

A palavra
é o corpo
onde ostento
o que secreto.

A palavra
é o corpo
onde faço
o meu trajeto.

A palavra é como um mito
que se pode cultivar,

como a palavra também pode
num mito nos transformar,

como o mito é uma palavra
em que se pode encalhar.

Sou o guerreiro,
a palavra a seta,
o objeto a meta:
o guerreiro solta a seta
e no alvo se completa.

PONTO FINAL

Eu: ponto de observação.
Eu: ponto de interrogação.
Eu, ponto.
      Discurso
sem conclusão.

O Autor

Affonso Romano de Sant'Anna nasceu em 1937 (Belo Horizonte, MG, Brasil).

Nos anos 60 teve participação ativa nos movimentos que transformaram a poesia brasileira, interagindo com os grupos de vanguarda e construindo sua própria linguagem e trajetória.

Data dessa época sua participação nos movimentos políticos e sociais que marcaram o país. Por isso, como poeta e cronista foi considerado pela revista *Imprensa* em 1990 como um dos dez jornalistas que mais influenciam a opinião de seu país.

Considerado pelo crítico Wilson Martins como o sucessor de Carlos Drummond de Andrade, realmente substituiu-o como cronista no *Jornal do Brasil*, em 1984. E foi sobre Carlos Drummond de Andrade a sua tese de doutoramento (Univ. Fed. Minas Gerais), intitulada: "Drummond, o *gauche* no tempo".

Nos duros tempos da última ditadura militar, Affonso Romano de Sant'Anna publicou corajosos poemas nos principais jornais do país, não nos suplementos literários, mas nas páginas de política. Poemas como "Que país é este?" (traduzido para o espanhol, inglês, francês e alemão), foram transformados em pôsteres, aos milhares, e colocados em escritórios, sindicatos, universidades e bares.

Nessa época produziu uma série de poemas para a televisão (Globo). Esses poemas eram transmitidos no horário nobre, no noticiário noturno e atingiam uma audiência de 60 milhões de pessoas.

Fez nessa época também uma nova experiência, aliando poesia e "mídia", produzindo poemas sobre futebol e a Copa do Mundo (1986), que eram transmitidos com imagens e sons após os jogos do Brasil.

Como presidente da Biblioteca Nacional – a oitava biblioteca do mundo, com 8 milhões de volumes – realizou entre 1990 e 1996 a modernização tecnológica da instituição, informatizando-a, ampliando seus edifícios e lançando programas de alcance nacional e internacional.

Criou o Sistema Nacional de Bibliotecas, que reuniu 3.000 instituições e o PROLER (Programa de Promoção da Leitura), que contou com mais de 30 mil voluntários e estabeleceu-se em 300 municípios.

Seu trabalho à frente da Biblioteca Nacional possibilitou que o Brasil fosse o país-tema da Feira de Frankfurt (1994), o país-tema, na Feira de Bogotá (1995) e no Salão do Livro (Paris, 1998).

Lançou a revista *Poesia Sempre*, de circulação internacional, tendo organizado números especiais sobre a América Latina, Portugal, Espanha, Itália, França, Alemanha.

Foi secretário-geral da Associação das Bibliotecas Nacionais Ibero-Americanas (1995-1996), que reúne 22 instituições desenvolvendo amplo programa de integração cultural no continente.

Foi presidente do Conselho do Centro Regional

para o Fomento do Livro na América Latina e no Caribe (CERLALC), 1993-1995.

Nas atividades universitárias, foi professor de várias universidades brasileiras (Universidade Federal de Minas Gerais, Pontifícia Universidade do Rio de Janeiro, Universidade Federal do Rio de Janeiro) e orientou, como tal, cerca de 80 teses de doutorado e mestrado.

No exterior deu cursos na Universidade de Los Angeles (1965-1967), Universidade do Texas (1976), Universidade de Koln (1978), Universidade de Aix-en-Provence (1980-1982) e conferências na Dinamarca, Espanha, Portugal, Canadá, México, Argentina, Chile etc.

Como escritor participou do "International Writing Program" (1968-1969) em Iowa, USA, dedicado a jovens escritores de todo o mundo.

A partir dos anos 80 esteve mais constantemente em festivais internacionais de poesia em Medellin, Bogotá, Caracas, México, Buenos Aires, Santiago do Chile e Irlanda.

Sua obra tem cerca de 30 livros de ensaios, poesias e crônicas e seus poemas estão publicados em dezenas de antologias, livros e revistas no exterior. Recebeu diversos prêmios e distinções e é membro de várias instituições nacionais e estrangeiras.

OBRAS DE AFFONSO ROMANO DE SANT'ANNA

POESIA, NO BRASIL

Canto e palavra. Imprensa Oficial, Belo Horizonte, MG, 1965.
Poesia sobre poesia. Ed. Imago, Rio, 1975.
A grande fala do índio guarani. Summus Ed., SP, 1978.
Que país é este? Ed. Rocco, Rio, 1984, 4ª ed.
A catedral de Colônia. Ed. Rocco, Rio, 1987.
A poesia possível (poesia reunida). Ed. Rocco, Rio, 1987.
A morte da baleia. Ed. Berlendis & Verdecchia. Ed. Rio, 1990.
O lado esquerdo do meu peito. Ed. Rocco, Rio, 1992, 2ª ed.
Epitáfio para o século XX (antologia). Ediouro, SP, 1997.
Melhores poemas de Affonso Romano de Sant'Anna. Ed. Global, SP, 3ª ed.
A grande fala e a catedral de Colônia (ed. comemorativa). Rocco, Rio, 1998.

POESIA, NO EXTERIOR

Antologia da poesia brasileira (org. José Valle Figueiredo). Ed. Verbo, Portugal, 1970.
Antologia de la poesia latinoamericana (1950-1970) (org. Stefan Baciu), State Univ. New York, 1974.

Littérature du Brèsil (Revue Europe).aout-sept. 1982, Paris, França.

Beispilsweise Koln-Ein Lesebuch herausgegeben von H. Grohler, G. E. Hoffman, H. J. Tummers, Lamuv Verlag, Alemanha, 1984.

Translation: The Journal of literary Translation. Spring Columbia Univ. Spring, 1984.

Lianu Liepsna (Brazily naujosios poezijos antologija) (antologia de poesia brasileira em lituano. Org. Povilas Gaucys. Chicago, 1985.

South Easter Latin americanist. Univ. Miami, sep./dec. 1985.

A posse da terra (escritor brasileiro hoje). Org. Cremilda Medina, Imp. Nacional – Casa da Moeda/ Sec. Cultura, SP, 1985.

Antologia da poesia brasileira (org. Carlos Nejar), Imp. Nacional/ Casa da Moeda, Portugal, 1986.

Brazilian literature. Special Issue. Latin American Literature Review, jan./jun., 1986, Univ. Pittsburgh, 1986.

Anthologie de la nouvelle poèsie brèsilienne. Org. Serge Borjea. Harmatan, Paris, 1988.

Okolice (miesiecznik spoleczno-literacki), Marzec, Polônia, 1992.

Epitafio para el siglo XX. Fundarte. Caracas, Venezuela, 1994.

Antologia da Poesia Brasileira (China, Emb. do Brasil), Pequim, 1994.

Liberté/ Brasil Littéraire. Montreal, Canadá, 1994.

Das Gediche (Zeitschrife fur lyrik, Essay und Kritik). AGHL. Alemanha, 1997, nº 3, october, 1995.

Vision de la poesia brasileña (org. Thiago de Mello). Instituto Libro Santiago, Chile, 1996.
Tierra de Nadie (antologia de nueve poetas latinoamericanos). Ed. Una, Costa Rica, 1996.
Neue lateinamrikanishce poesia/Nueva Poesía America Latina. Rowohlr Literatur Magazin 38, Hamburg, 1996.
Review: Latin American Literature and Arts, Fall 1996. America Societe, New York, USA.
Poeti brasiliani contemporanei. Silvio Castro. Centro Internazionale della Grafica di Venezia. Univ. Padova, Itália, 1997.

ANTOLOGIAS DE POESIA NO BRASIL

4 poetas. Ed. Universitária, Belo Horizonte, 1960.
Violão de rua I. Ed. Civilização Brasileira, Rio, 1962.
Violão de rua II. Ed. Civilização Brasileira, Rio, 1963.
Violão de rua III. Ed. Civilização Brasileira, Rio, 1963.
Poesia da fase moderna (org. Manuel Bandeira e Walmyr Ayala). Ediouro, 1966.
Poesia viva (org. Moacyr Felix). Ed. Civilização Brasileira, 1968.
Poetas contemporâneos (org. Henrique Alves). Roswitha Kempf Ed. SP, 1985.
Carne viva (org. Olga Savary). Ed. Anima, 1984.
O imaginário a dois (com Marina Colassanti). Ed. Artetexto, Rio, 1987.
Sincretismo: a poesia da Geração 60 (org. Pedro Lyra). Topbooks, 1995.
Poesia contemporânea. Cadernos de poesia Brasileira. Inst. Cultural Itaú. São Paulo, 1997.

Ensaios

O desemprego do poeta. Imp. Universitária, UFMG, 1962.
Drummond, o "gauche" no tempo. Ed. Record, Rio, 1990, 4ª ed.
Análise estrutural de romances brasileiros. Ed. Ática, SP, 8ª ed.
Por um novo conceito de literatura brasileira. Ed. Eldorado, Rio, 1977.
Música popular e moderna poesia brasileira. Ed. Vozes, Petrópolis, 1997, 4.ª edição.
Emeric Marcier. Ed. Pinakoteke, Rio, 1983.
O canibalismo amoroso. Ed. Rocco, Rio, 1990, 3ª ed.
Política e paixão. Ed. Rocco, Rio, 1984, 2ª ed.
Paródia, paráfrase & cia. Ed. Ática, SP, 1985, 7ª ed.
Como se faz literatura. Ed. Vozes, Petrópolis, 1985, 2ª ed.
Agosto 1991: estávamos em Moscou (com Marina Colasanti). Ed. Melhoramentos, SP, 1991.
O que aprendemos até agora? Ed. Edufitia, São Luís, Maranhão (1984). Ed. Univ. Santa Catarina, 1994.
Barroco, alma do Brasil. Ed. Comunicação Máxima/ Bradesco, Rio, 1997.

Prêmios literários

Prêmio Mário de Andrade. Com o livro *Drummond, o gauche no tempo.*
Prêmio Fundação Cultural do Distrito Federal, com o livro *Drummond, o gauche no tempo.*
Prêmio União Brasileira dos Escritores, com o livro *Drummond, o gauche no tempo.*

Prêmio Pen-Clube, com o livro *O canibalismo amoroso*.
Prêmio União Brasileira de Escritores, com o livro *Mistérios gozosos*.

Coleção **L&PM** POCKET (lançamentos mais recentes)

712. **Os belos e malditos** – F. Scott Fitzgerald
713. **Libelo contra a arte moderna** – Salvador Dalí
714. **Akropolis** – Valerio Massimo Manfredi
715. **Devoradores de mortos** – Michael Crichton
716. **Sob o sol da Toscana** – Frances Mayes
717. **Batom na cueca** – Nani
718. **Vida dura** – Claudia Tajes
719. **Carne trêmula** – Ruth Rendell
720. **Cris, a fera** – David Coimbra
721. **O anticristo** – Nietzsche
722. **Como um romance** – Daniel Pennac
723. **Emboscada no Forte Bragg** – Tom Wolfe
724. **Assédio sexual** – Michael Crichton
725. **O espírito do Zen** – Alan W. Watts
726. **Um bonde chamado desejo** – Tennessee Williams
727. **Como gostais** seguido de **Conto de inverno** – Shakespeare
728. **Tratado sobre a tolerância** – Voltaire
729. **Snoopy: Doces ou travessuras? (7)** – Charles Schulz
730. **Cardápios do Anonymus Gourmet** – J.A. Pinheiro Machado
731. **100 receitas com lata** – J.A. Pinheiro Machado
732. **Conhece o Mário?** vol.2 – Santiago
733. **Dilbert (3)** – Scott Adams
734. **História de um louco amor** seguido de **Passado amor** – Horacio Quiroga
735(11). **Sexo: muito prazer** – Laura Mayer da Silva
736(12). **Para entender o adolescente** – Dr. Ronald Pagnoncelli
737(13). **Desembarcando a tristeza** – Dr. Fernando Lucchese
738(11). **Poirot e o mistério da arca espanhola & outras histórias** – Agatha Christie
739. **A última legião** – Valerio Massimo Manfredi
740. **As virgens suicidas** – Jeffrey Eugenides
741. **Sol nascente** – Michael Crichton
742. **Duzentos ladrões** – Dalton Trevisan
743. **Os devaneios do caminhante solitário** – Rousseau
744. **Garfield, o rei da preguiça (10)** – Jim Davis
745. **Os magnatas** – Charles R. Morris
746. **Pulp** – Charles Bukowski
747. **Enquanto agonizo** – William Faulkner
748. **Aline: viciada em sexo (3)** – Adão Iturrusgarai
749. **A dama do cachorrinho** – Anton Tchékhov
750. **Tito Andrônico** – Shakespeare
751. **Antologia poética** – Anna Akhmátova
752. **O melhor de Hagar 6** – Dik e Chris Browne
753(12). **Michelangelo** – Nadine Sautel
754. **Dilbert (4)** – Scott Adams
755. **O jardim das cerejeiras** seguido de **Tio Vânia** – Tchékhov
756. **Geração Beat** – Claudio Willer
757. **Santos Dumont** – Alcy Cheuiche
758. **Budismo** – Claude B. Levenson
759. **Cleópatra** – Christian-Georges Schwentzel
760. **Revolução Francesa** – Frédéric Bluche, Stéphane Rials e Jean Tulard
761. **A crise de 1929** – Bernard Gazier
762. **Sigmund Freud** – Edson Sousa e Paulo Endo
763. **Império Romano** – Patrick Le Roux
764. **Cruzadas** – Cécile Morrisson
765. **O mistério do Trem Azul** – Agatha Christie
766. **Os escrúpulos de Maigret** – Simenon
767. **Maigret se diverte** – Simenon
768. **Senso comum** – Thomas Paine
769. **O parque dos dinossauros** – Michael Crichton
770. **Trilogia da paixão** – Goethe
771. **A simples arte de matar (vol.1)** – R. Chandler
772. **A simples arte de matar (vol.2)** – R. Chandler
773. **Snoopy: No mundo da lua! (8)** – Charles Schulz
774. **Os Quatro Grandes** – Agatha Christie
775. **Um brinde de cianureto** – Agatha Christie
776. **Súplicas atendidas** – Truman Capote
777. **Ainda restam aveleiras** – Simenon
778. **Maigret e o ladrão preguiçoso** – Simenon
779. **A viúva imortal** – Millôr Fernandes
780. **Cabala** – Roland Goetschel
781. **Capitalismo** – Claude Jessua
782. **Mitologia grega** – Pierre Grimal
783. **Economia: 100 palavras-chave** – Jean-Paul Betbèze
784. **Marxismo** – Henri Lefebvre
785. **Punição para a inocência** – Agatha Christie
786. **A extravagância do morto** – Agatha Christie
787(13). **Cézanne** – Bernard Fauconnier
788. **A identidade Bourne** – Robert Ludlum
789. **Da tranquilidade da alma** – Sêneca
790. **Um artista da fome** seguido de **Na colônia penal e outras histórias** – Kafka
791. **Histórias de fantasmas** – Charles Dickens
792. **A louca de Maigret** – Simenon
793. **O amigo de infância de Maigret** – Simenon
794. **O revólver de Maigret** – Simenon
795. **A fuga do sr. Monde** – Simenon
796. **O Uraguai** – Basílio da Gama
797. **A mão misteriosa** – Agatha Christie
798. **Testemunha ocular do crime** – Agatha Christie
799. **Crepúsculo dos ídolos** – Friedrich Nietzsche
800. **Maigret e o negociante de vinhos** – Simemon
801. **Maigret e o mendigo** – Simenon
802. **O grande golpe** – Dashiell Hammett
803. **Humor barra pesada** – Nani
804. **Vinho** – Jean-François Gautier
805. **Egito Antigo** – Sophie Desplancques
806(14). **Baudelaire** – Jean-Baptiste Baronian
807. **Caminho da sabedoria, caminho da paz** – Dalai Lama e Felizitas von Schönborn
808. **Senhor e servo e outras histórias** – Tolstói
809. **Os cadernos de Malte Laurids Brigge** – Rilke
810. **Dilbert (5)** – Scott Adams
811. **Big Sur** – Jack Kerouac
812. **Seguindo a correnteza** – Agatha Christie
813. **O álibi** – Sandra Brown
814. **Montanha-russa** – Martha Medeiros
815. **Coisas da vida** – Martha Medeiros
816. **A cantada infalível** seguido de **A mulher do centroavante** – David Coimbra
817. **Maigret e os crimes do cais** – Simenon
818. **Sinal vermelho** – Simenon
819. **Snoopy: Pausa para a soneca (9)** – Charles Schulz
820. **De pernas pro ar** – Eduardo Galeano
821. **Tragédias gregas** – Pascal Thiercy
822. **Existencialismo** – Jacques Colette
823. **Nietzsche** – Jean Granier